LA MAITRISE

DE LA
CATHÉDRALE SAINT-LAZARE
D'AUTUN

I — Son rôle — La formation intellectuelle
et morale des petits Clercs.

Mgr CHASSAGNON
ÉVÊQUE D'AUTUN

II — Son histoire — Son organisation actuelle
Abbé VIEILLARD
DIRECTEUR DE LA MAITRISE

LA MAITRISE

DE LA

CATHÉDRALE SAINT-LAZARE

D'AUTUN

I. – Son rôle. – La formation intellectuelle et morale des petits Clercs.

Mgr CHASSAGNON,
ÉVÊQUE D'AUTUN.

II. – Son histoire. – Son organisation actuelle.

Abbé **VIEILLARD,**
DIRECTEUR DE LA MAITRISE.

I. = Le Rôle de la Maîtrise

LA FORMATION INTELLECTUELLE ET MORALE
DES PETITS CLERCS

ALLOCUTION

Prononcée par Monseigneur CHASSAGNON

A LA

DISTRIBUTION DE PRIX

DE LA MAITRISE DE LA CATHÉDRALE

LE 16 JUILLET 1923

MESDAMES, MESSIEURS,

MES CHERS ENFANTS.

C'est avec le plus grand plaisir et avec une affection toute spéciale que je préside la distribution des prix de la Maîtrise de la Cathédrale Saint-Lazare. Et j'entends bien par ma présence, par le discours que je prononce, manifester hautement mon intérêt, mon dévouement, plus que cela, mon amour pour cette chère école.

Certes, il y a dans mon diocèse de nombreuses et florissantes institutions d'enseignement secondaire, d'enseignement primaire supérieur et élémentaire et j'en bénis Dieu, car ils sont des laboratoires admirables où se prépare le diocèse de demain; mais la Maîtrise est plus proche de l'Evêque et elle lui offre déjà pour le diocèse d'aujourd'hui un concours aussi gracieux qu'efficace.

Les autres institutions demandent à l'élève du travail, des efforts en vue d'une action à produire dans dix, quinze ou vingt ans. C'est l'homme qu'elles visent, et l'enfant ne sera homme qu'au sortir de l'école; le présent ne compte ici qu'en fonction de l'avenir.

A la Maîtrise, le présent c'est de l'étude sans doute, mais c'est aussi de l'action; c'est de la vie intellectuelle, mais aussi de la vie pratique. La Maîtrise est à la fois une école secondaire et une école professionnelle; les petits Maîtrisiens étudient et s'instruisent, mais encore ils remplissent une fonction, ont une tâche quotidienne et font déjà un service diocésain.

Ils entourent l'Evêque de leur piété, de leur innocence; ils sont auprès de lui comme des angelots du bon Dieu : ils le servent et ils chantent. Ils chantent sans fin, ils chantent harmonieusement et leurs mélodies pures, aériennes, donnent à nos cérémonies pontificales un peu de la splendeur que les hymnes des anges donnent aux fêtes célestes.

Ils apportent au Chapitre leur jeunesse et leur vie expansive. Petits clercs et vénérables chanoines mêlent leur vie, leurs prières, leurs chants au même foyer de la Cathédrale, pour la gloire du même Dieu, pour le bien du même diocèse. Voix cristallines des uns, voix graves des autres s'unissent, se soutiennent et portent au paradis sur les ailes de la musique sacrée, pour tout un peuple dont ils sont les mandataires, hommages, supplications et louanges.

Maîtrisiens et chanoines, c'est le diocèse à genoux et près du ciel; enfants et vieillards, c'est le diocèse dans sa fleur et dans ses fruits. C'est beau, c'est touchant, et c'est infiniment utile.

Ils sont la joie de la Cathédrale avec leur parure écarlate de petits prélats, avec la grâce de leur enfance; ils sont sa vie avec l'éclat et la sonorité de leurs voix. Ils l'emplissent de leurs antiennes, de leurs psaumes, de leurs cantiques, ils éveillent sous ses voûtes séculaires les échos des *Credo*, des *Alleluia*, des *Te. Deum* que le passé y a laissés, excitant dans les cœurs des fidèles des émotions saintes, dans le cœur de Dieu les élans de la miséricorde. Notre vieux Saint-Lazare a par eux une âme qui vibre, qui parle, qui chante, qui se fait aux jours de nos fêtes plus joyeuse, plus attirante, plus empressée, plus triomphale.

Ainsi, ils servent et chantent, nos enfants de la Maîtrise, ils participent à la vie de l'Evêque, du Chapître, du diocèse; sans eux la cathédrale n'aurait point sa cour angélique et sous ses arceaux muets nos solennités n'auraient point toute leur pompe. Non, on ne peut concevoir un Evêque sans ses petits pages, un Chapître sans ses petits clercs, une Cathédrale sans les petits chantres qui la font tressaillir. A un Evêque, à un Chapître, à une Cathédrale il faut donc une Maîtrise, une école dont les élèves n'attendent point l'âge d'homme pour rendre des services.

Mais pour faire produire trop tôt de l'action, la Maîtrise ne compromet-elle pas la formation intellectuelle?

Et pourquoi compromettrait-elle cette formation?

Jeudi dernier[1], à la distribution des prix de l'Institution Saint-Lazare, un élève de troisième avait presque tous les prix de sa classe et était quatorze ou quinze fois nommé au palmarès. C'était un Maîtrisien.

Au Séminaire de Rimont, les deux premiers élèves de rhétorique étaient, cette année, deux anciens élèves de la Maîtrise.

Ces jours-ci, douze jeunes gens de ce même Séminaire étaient présentés au baccalauréat. Sur ces douze candidats, trois sortaient de chez nous et obtenaient plein succès à cet examen.

Un vieux proverbe dit qu'un bon commencement est la moitié du tout. Le bon commencement, ici, fut l'école de nos petits clercs : celle-ci n'est donc pas sans valeur. Avouons que de fréquenter l'Evêque, le Chapitre, la cathédrale ne diminue aucunement les forces de l'esprit.

Du reste la Maîtrise a des professeurs qui ont même origine, même éducation, même instruction que les professeurs des autres institutions diocésaines. J'entendais même, à propos de nominations importantes, dire de quelques anciens maîtres de cette école qu'ils étaient parmi les cinq ou six prêtres les plus éminents du diocèse.

Mes vénérés prédécesseurs ne vous avaient pas si mal servis, mes chers enfants ; pourquoi vous servirais-je moins bien ?

Et pourquoi dès lors ces prêtres qui ont même valeur intellectuelle n'auraient-ils pas une semblable valeur professionnelle et pédagogique ? Il faut être sans crainte : une intelligence d'enfant ne perdra rien pour être cultivée à la Maîtrise.

1. 12 juillet 1923.

Le service de la cathédrale, l'assistance à la messe, aux offices, la musique sacrée servent même à cette formation. Car tout cela façonne l'âme, la pénètre de piété, l'ouvre aux grandes pensées, aux nobles sentiments, la garde dans la grâce. La science, a-t-on dit, c'est la vision de la vérité ; mais la piété, c'est la contemplation de Dieu ; la pureté, c'est l'intuition de Dieu : « Bienheureux les cœurs purs car ils verront Dieu » ; la vertu, c'est l'ascension vers Dieu. Ces visions se juxtaposent, s'aident, se complètent.

Et puis à l'heure où le petit Maîtrisien sert la messe, ses compagnons d'âge dorment ; au moment où il apprend à chanter, les élèves des autres écoles ont été rendus au foyer, à la rue où ils s'amusent. L'enfant, du reste, ne peut étudier douze heures par jour ; il a besoin de diversion et il sait se la procurer. Il y a longtemps qu'il pratique la journée de huit heures. Mettons qu'à la Maîtrise nous exigions une heure de plus !

Et quand même le chant, la musique prendraient un peu de temps sur l'étude, remarquez que le petit nombre de nos élèves permet aux professeurs d'apporter plus d'attention à chacun d'eux et d'adapter plus fermement à leur intelligence l'enseignement donné.

Mais je crois que la formation de l'esprit ne peut que gagner à la culture de l'art, à l'éducation de notre sensibilité supérieure.

La musique sacrée, en particulier, est la manifestation la plus vive du sentiment religieux, l'expression ardente de l'adoration, de la louange et de la prière.

Aussi elle élève l'âme, elle l'emplit de saintes émotions, elle la rend plus sensible au divin, par suite elle l'enrichit d'idées, d'impressions nouvelles, en même temps qu'elle façonne et affine le goût, qu'elle donne le sens de la mesure et de la justesse, qu'elle excite le besoin de l'harmonie et de l'ordre, qu'elle crée de la beauté et de la vie.

Or, il y a entre nos facultés une connexion étroite et réelle ; elles se communiquent de l'une à l'autre leurs perfections, bénéficiant ainsi de leur développement réciproque. Ce que l'on prête à l'art, à la formation du goût, à l'éducation du sens musical profite donc à l'âme tout entière et sert à notre croissance intellectuelle et morale.

Non, le petit clerc de Saint-Lazare n'est pas dans des conditions inférieures à celles que les autres enfants trouvent dans leurs écoles.

On a même observé, assez exactement je pense, que des maîtrises de nos cathédrales françaises sortent généralement des prêtres dont la piété et la distinction remarquées ne s'expliquent que par ce milieu spécial où ils ont évolué tout jeunes, que par leur formation liturgique et leur précoce initiation à la musique sacrée, que par leur affectueuse et constante participation à des solennités qui firent le charme de leurs yeux et de leur cœur.

Mes conclusions, les voici : Dans l'Evangile, le royaume des cieux est comparé à un festin qu'a préparé le père de famille. Celui-ci attend ses convives. Il leur réserve un accueil que son amitié fera aussi généreux qu'affectueux, et, pour les en convaincre, il envoie partout où ils sont, à travers les villes et les bourgades, ses serviteurs les plus dévoués.

Combien pressante est son invitation ! Même dans son désir de la faire accepter, il la formule avec une vivacité qui ne souffre pas d'excuse[1], et il la réi-

---

1. *Compelle intrare,* Fais entrer de force. (Luc. XIV, 23.)

tère jusqu'à ce que toutes les places soient occupées.

Je voudrais imiter le geste du père de famille. Ma Maîtrise est une salle de festin pour l'âme de vos petits enfants. Ils y trouveront une nourriture intellectuelle abondante, des professeurs disposés à la leur servir, un père de famille absolument résolu à leur offrir une hospitalité qui ne craindra aucun sacrifice.

Et donc, je convie à la Maîtrise pour la remplir à déborder, vos fils et petits-fils, vos neveux et petits-neveux, les chers enfants de la ville d'Autun et des bourgades voisines, tous ceux qui donnent des espérances de vocation sacerdotale.

Mon invitation aussi est amicale et pressante ! Pourquoi ne serait-elle pas entendue ? Je la ferai, d'autre part, si bienveillante et si cordiale que les papas et les mamans de ces chers petits ne lui résisteront pas. Et je sais bien qu'elle sera si persévérante, si réitérée, si étendue, que ma salle de festin un jour sera comble.

Car c'est ma volonté bien arrêtée d'avoir toujours des petits clercs dans la cathédrale pour lui conserver sa vie, d'avoir toujours des élèves à la Maîtrise pour préparer au diocèse des prêtres dignes de lui.

A tous, chanoines, curés, catholiques d'Autun en particulier, je demande le concours d'une sympathie active. Que cette sympathie ne soit pas refusée ! Notre devoir est de maintenir, de rendre plus prospère une œuvre qui a été si longtemps la joie et l'honneur de notre ville.

II. = Notice Historique sur la Maîtrise

SON ORGANISATION ACTUELLE

LES ORIGINES

L'organisation actuelle de la Maîtrise de la Cathédrale remonte à Monseigneur d'Héricourt, qui fut évêque d'Autun de 1829 à 1851. A ne le considérer que dans sa forme dernière, ce petit établissement aurait déjà reçu la consécration du temps. Toutefois, quels qu'aient été les remaniements opérés dans l'Institution par cet illustre prélat, on ne saurait le regarder comme le fondateur de la Maîtrise. Celle-ci fonctionnait avant l'épiscopat de Mgr d'Héricourt, et quand on cherche, à l'aide de documents épars, à explorer les fondations de cette minuscule Institution, l'on se trouve avec surprise en face d'une longue histoire. Celui qui, ayant des loisirs, de la patience et de bons yeux, consacrerait ses efforts à retrouver, rassembler et coordonner les matériaux de cette monographie, verrait repasser sous ses yeux toute l'histoire de la vieille « cité du Christ ».

Car le passé de la Maîtrise est intimement lié à celui du Chapitre, dont elle est pour ainsi dire le complément indispensable.

En 1804, lors de la réorganisation du culte après la Révolution, l'administration diocésaine écrivant au Préfet de Saône-et-Loire pour solliciter des fonds, déclarait qu'il est « physiquement impossible » au Chapitre, d'ailleurs fort réduit dès lors, d'assurer la célébration décente de l'office divin, sans le concours

d'un bas chœur, chantres et « enfants de chœur[1] ».
Un document plus ancien montre combien le Chapitre
tenait à ses petits auxiliaires. Vers la fin du dix-hui-
tième siècle, un long procès mettait aux prises le
Chapitre cathédral avec « le sieur Roché, curé-vicaire
de la paroisse de Saint-Jean-de-la-Grotte et Saint-
Pancrace », sur une question de juridiction. Le Chapitre défendit énergiquement ses droits et en particulier la légitimité de sa juridiction sur « ses enfants
de chœur » à quelque quartier de la ville qu'ils appar-
tinssent[2].

Ainsi la Maitrise — le nom est dans le procès de
1785 — apparaît comme un organe du Chapitre, et
cette remarque nous conduit à rechercher dans le
passé lointain, à côté du sillon creusé par celui-ci, la
trace laissée par celle-là.

Or, par ses origines, le Chapitre de la Cathédrale
remonte aux commencements du Christianisme à
Autun. Sans doute, le conseil épiscopal, au temps de
saint Rhétice, n'avait pas la même physionomie que le
Chapitre cathédral des douzième ou quinzième siècle,
organisme puissant, « principal seigneur de la ville
» haute, dont il possédait plus des trois quarts en
» toute justice[3] ». Cependant, peu de temps après
l'épiscopat de saint Léger († 678) le Chapitre de la
Cathédrale paraît déjà définitivement constitué. Au
milieu du neuvième siècle, une riche dotation de
l'Évêque Jonas, approuvée par une charte de Charles
le Chauve en 859 ouvrit « à la Compagnie de Messieurs
les Vénérables » une ère de splendeur incomparable.
Plus de quarante chanoines, vivant comme des moines,

1. Archives de l'Évêché.
2. Archives de l'Évêché.
3. G. Theyras : *Autun vers le quinzième siècle*, p. 229.

selon les règlements du concile d'Aix-la-Chapelle (816), s'acquittaient fidèlement de la lourde charge de la prière publique chantée, laquelle occupait une grande partie du jour et de la nuit.

Mais les chanoines n'étaient pas seuls à chanter l'Office. De bonne heure ils s'étaient adjoints non seulement des chapelains, mais aussi de petits auxiliaires, afin que la louange passant par la bouche des enfants fût plus belle et plus agréable à Dieu.

Le chanoine Gagnare, dans son Histoire de l'Eglise d'Autun (1774), Livre III, article 11e, écrit : « Dans » chaque église cathédrale, on avait établi ancienne- » ment une école, dans laquelle on élevait des jeunes » gens dans la piété et les exercices propres à les » rendre capables de servir l'Église. L'empereur » Charlemagne ordonna qu'on leur apprît le chant, le » comput et la grammaire. » Telle est l'origine des Enfants de chœur, dans le sens propre du mot.

Mais ne voit-on pas, dans cette institution primi- tive, s'ébaucher une physionomie de Maîtrise ? Les traits essentiels y sont, qui consistent dans une réci- procité d'avantages et de charges entre l'Église et les Enfants de chœur. Ceux-ci s'astreignent au service du chœur, en retour ils reçoivent éducation et instruc- tion. C'est sur cette base que fonctionne encore la vieille Maîtrise de la Cathédrale, dont nous venons de retrouver les origines dans les brumes de l'époque carolingienne.

L'HISTOIRE

Et maintenant, redescendant le cours des siècles, nous relèverons quelques-uns des jalons qui marquent l'histoire de la Maîtrise.

Mais auparavant demandons au chanoine historien des renseignements sur le costume. « Les Enfants de chœur, dit-il, avaient une large robe d'étoffe d'un vert obscur ou fiante d'oye. Elle était garnie de fourrures blanches pour l'hyver ; celle du Maître était de couleur noire. Ils portaient outre cela un petit capuce ou chaperon[1]... » Ce vêtement sera modifié dans la suite.

En attendant, voici un jalon glorieux où il convient de nous arrêter. Vers 1350 il y avait parmi les Maîtrisiens un enfant qui s'appelait Nicolas. Il était originaire de Toulon-sur-Arroux et fils de meunier. Inscrit au nombre des Enfants de chœur de la Cathédrale, il cultiva si bien la piété, le chant et la science, qu'il devint chapelain, plus tard chanoine, puis grand-chantre, puis chancelier du duché de Bourgogne en 1376. Nommé à l'évêché de Coutances, il fut élu en 1386, par le Chapitre de la Cathédrale, évêque d'Autun. Malgré ses fonctions de chancelier, il résida fidèlement au milieu de son troupeau, ne faisant que de rares apparitions à Dijon, capitale du duché. Nicolas Ier de Toulon mourut à Autun en 1400. « On déposa son » corps à Saint-Lazare, dans la chapelle de Saint-» Pierre et de Saint-Paul, qu'il avait fondée. On voyait » au-dessus de l'entrée l'écu de ses armes, qui n'étaient » autres que celles du Chapitre, chargée d'un geai » d'argent, en souvenir du geai blanc que sa mère lui » avait promis s'il devenait évêque ainsi qu'il le pré-» disait dans sa petite enfance.[2] » Les restes de Nicolas de Toulon, transférés dans la suite, à l'occasion de réparations à faire à la chapelle, ont été recueillis en 1878 par les soins de Mgr Perraud, et reposent

1. Gagnare : *Histoire de l'Église d'Autun,* p. 415.
2. Statuts Synodaux, p. 562.

depuis lors dans le lieu de leur ancienne sépulture, aujourd'hui chapelle du Sacré-Cœur.

Sous l'épiscopat du cardinal Rolin (1436-1483), les Enfants de chœur, réduits à quatre, reçoivent la permission de porter l'amict avec l'aube. Aussi, pendant longtemps on les désignera sous le nom « d'enfants d'aube. » Malgré leur petit nombre, ils jouent sans doute un rôle utile et nécessaire. Car nous voyons l'illustre restaurateur de la cathédrale s'intéresser à cette corporation microscopique. Le cardinal Rolin avait acquis en 1454 et fit rebâtir en partie une maison pour les enfants d'aube et leur maître. On pouvait lire au-dessus de la porte l'inscription suivante :

Ann. 1473

« C'est la Maison du Maistre
Et des Enfants de cœur de
L'église Cathédrale d'Ostun. »

Cette maison existe encore. Elle porte le n° 7 de la rue des Sous-Chantres.

En 1483, nous trouvons deux Enfants de chœur de plus, fondés par Antoine Buisson, prieur de Saint-Racho, suffragant du cardinal Rolin. Près de deux siècles plus tard, M. de Vauffin, doyen, en ajouta deux autres par son testament de 1677, et assigna des pensions aux quatre plus anciens sortis de la Maîtrise. Et ainsi le nombre des enfants d'aube se trouve porté à huit sur la fin du dix-septième siècle. Il en sera ainsi jusqu'en 1789.

On peut se demander quel était le rôle d'un groupement de voix si restreint, dans un vaisseau de cathédrale. Manquant de loisirs pour faire longtemps la chasse aux documents, nous hasarderons les réflexions suivantes :

Les enfants d'aube étant admis au concours, on pouvait choisir les voix. De plus, les Maîtres de l'époque n'ayant pas le souci d'un programme d'études aussi touffus que les nôtres, mesuraient avec moins de parcimonie le temps réservé à l'étude du chant.

Il est probable aussi que les Enfants de chœur ne chantaient que le plain-chant. A l'origine, d'ailleurs, on n'en connaissait pas d'autre. Lorsque, plus tard, après bien des tâtonnements, on fut arrivé à agencer plusieurs mélodies pour les faire chanter ensemble, — lorsque, vers le quatorzième siècle, la musique naquit à l'ombre des clochers, la nécessité se fit bientôt sentir d'un personnel de renfort pour le bas-chœur, et d'un personnel spécialisé. La polyphonie simpliste et un peu gauche des débuts se développa rapidement pour arriver à son apogée au seizième siècle. Dans la suite, la musique sortit de l'église, devint profane tout en produisant des chefs-d'œuvre, puis rentra dans le Saint Lieu, sous son nouvel habit, et en compagnie de toutes sortes d'instruments, dont plusieurs eussent été mieux à leur place ailleurs.

Tandis que chanoines, chapelains et enfants d'aube se chargeaient de l'exécution du plain-chant, d'ailleurs dégénéré à cette époque et pour longtemps, les musiciens s'efforçaient de plaire aux fidèles et au clergé suivant le goût du temps. « Il y a, — écrivait Gagnare en 1774 — dans l'église cathédrale, une musique entretenue à ses dépens, qui ne paraît nulle part avoir été fondée ; elle est composée de musiciens et gagistes en nombre suffisant pour l'exécuter ». Ce personnel supplémentaire se composait d'une quantité indéterminée de choriaux ou chantres gagés, et d'instrumentistes, parmi lesquels on voyait des joueurs d'orgue, d'épinette, de basse de viole, de contrebasse, de violon, de serpent et de cornet à bouquin. De tous ces instruments — l'orgue mis à part — c'est le serpent qui se maintint le plus longtemps à l'église, sans doute parce qu'il s'était cramponné au plain-chant « musicalisé », lourd et souvent pompier, dont il fut pendant de trop longues années le digne soutien.

Mais revenons à nos huit Maîtrisiens dénombrés en 1677. Sûrement l'évêque d'alors, Mgr de Roquette les a remarqués et s'est intéressé à eux.

A cette époque deux maîtres se dévouaient à l'instruction et à l'éducation des enfants d'aube. Ceux-ci devaient passer dix ans à la Maîtrise pour avoir droit aux privilèges qui y étaient attachés ; après quoi, on les envoyait, s'il y avait lieu, terminer leurs études au collège des Pères Jésuites de la ville. « Ils étaient » ainsi appelés, dès l'enfance, à essayer leur vocation. » C'était une pépinière de prêtres et de chantres pour » l'Église[1]… »

En 1689, un Chapitre s'occupe spécialement de l'éducation des Enfants de chœur. Ce n'était peut-être pas sans besoin ; ne fallait-il pas que la petite communauté eût aussi sa part dans la réforme générale du diocèse ?

Passons au siècle suivant. Un dernier regard sur les Enfants de chœur de l'ancien régime nous les montre vêtus d'une soutane violette à parements rouges, « avec un capulaire violet pour l'hyver ».

L'école est située impasse de la Maîtrise. Ainsi le temps, qui a ruiné Saint-Nazaire, respectueux de la petite corporation des Maîtrisiens, s'est contenté de changer le lieu de leur résidence et la couleur de leur habit.

1. G. de Roquette, par J.-H. Pignot, t. I, p. 83.

Et maintenant ce sont les sombres jours de la Révolution ; c'est la lugubre histoire des profanations, des confiscations et des démolitions. Alors disparaît la collégiale Notre-Dame — un bijou — ainsi que l'église Saint-Quentin ; et si la cathédrale Saint-Lazare reste debout, c'est parce que les impies en ont besoin pour y installer le culte de la déesse Raison.

Au 9 thermidor, l'ouragan de la Révolution s'apaise enfin, et le pâle soleil des temps nouveaux tristement se lève sur des ruines. Ruines de toutes sortes : si les monuments de pierre se sont effondrés, les vieilles institutions ont été emportées comme des feuilles mortes. Dans le temple désert, où gisent épars les ossements des saints, l'office canonial a cessé. Il n'y a plus de Chapitre. Le « grand seigneur » qui jadis régnait sur la Ville haute, possédait de grands domaines, battait monnaie, assurait la défense de la Cité par le moyen de ses canons et de ses mousquets, le Chapitre de la féodalité et de l'ancien régime a disparu pour jamais.

Et les Enfants de chœur ? Dispersés comme les Chanoines ! Le local où ils habitaient[1], a été confisqué ; et la rue, débaptisée, s'appelle pour un temps « le Cul de sac de la Régénération. »

En face de tant de ruines, que faire ? On ne put d'abord que pleurer en silence ; car la liberté n'avait pas encore brisé toutes ses chaînes et le culte demeurait officiellement proscrit.

En 1801 le Concordat rend à l'Église sa place au soleil. Aussitôt, par toute la France, dans chaque diocèse, commence le dur travail de la réorganisation.

A Autun, le 10 novembre 1802 est marqué par

---

1. Ce local appartient actuellement à M. l'abbé Chandioux.

l'érection du Chapitre des temps actuels. Tant bien que mal, le chœur de la cathédrale se repeuple, et les nécessités de l'office canonial ramènent naturellement à côté des Chanoines les Enfants de chœur.

Mais ils sont livrés à eux-mêmes, et le besoin se fait bien vite sentir de les replacer dans le cadre d'une organisation scolaire. Dans un Chapitre convoqué au palais épiscopal le 6 août 1808, Mgr l'archevêque-évêque de Fontanges « se plaint de la tenue des » Enfants de chœur et propose de leur donner un » directeur sage et éclairé pour les instruire des » principes de leur religion, leur apprendre le latin, » le chant et les cérémonies[1]. » Le 13 novembre, le Chapitre loue une maison « pour le maître des Enfants » de chœur[2]. » Enfin, le 29 décembre, sous la présidence du Vicaire général, le Chapitre se réunit pour choisir « parmi les enfants qui se présenteraient, ceux » qui conviendraient, soit par la qualité de la voix, » soit encore par leurs mœurs. Le chantre ayant fait » chanter les enfants, six ont été choisis, de la con-» duite desquels on avait par ailleurs bon témoignage. » On crut bon de leur joindre quatre surnuméraires » pour les remplacer en cas de mort ou de maladie. » En tout dix enfants[3]. » La Maîtrise est ressuscitée, et continuera de se recruter ainsi jusqu'au milieu de l'épiscopat de Mgr d'Héricourt (1829-1851).

En 1833, le nombre des enfants s'élève à douze.

Mgr d'Héricourt, soucieux de combler les vides que la Révolution avait faits dans le clergé de son diocèse — il y avait en 1829 plus de soixante paroisses sans pasteur — vit le parti que l'on pourrait tirer de La

1. Registre des délibérations du Chapitre.
2. Ibidem.
3. Ibidem.

Maîtrise pour le recrutement sacerdotal, et dès lors se préoccupa du développement de cette institution.

Ici notre rôle devient facile. Nous n'avons plus qu'à transcrire d'une, notice biographique consacrée à Mgr d'Héricourt et publiée sans nom d'auteur chez Dejussieu en 1878, les deux pages qui intéressent La Maîtrise. Elles constituent comme le procès verbal don son organisation définitive par le zélé pontife.

« ..... Il organisa La Maîtrise de son Eglise
» Cathédrale. A son arrivée à Autun, elle se compo-
» sait d'un directeur et de huit[1] enfants de chœur
» admis au concours, et qui devaient être de la ville.
» A des chantres laïques, il substitua des chapelains
» chargés de La Maîtrise, dont l'accès fut ouvert à
» tout le diocèse. Dès lors le nombre des enfants
» s'accrut, et quand mourut le digne prélat, l'établis-
» sement comptait cinq maîtres et trente-six élèves.

. . . .

» Mgr d'Héricourt considérait à juste titre sa
» Maîtrise comme une pépinière sacerdotale, une
» succursale de son Petit Séminaire, dont on suivait
» le programme et où l'on pouvait entrer en Qua-
» trième. Aussi avait-il pour ces enfants une tendresse
» toute particulière ; il les connaissait par leurs noms ;
» chaque mois le directeur allait lui rendre compte de
» la marche de la maison..... Monseigneur écoutait
» avec un intérêt tout paternel l'exposé que lui com-
» muniquait le directeur, faisait au besoin ses obser-
» vations, donnait des éloges et accordait des récom-
» penses. Dans sa maladie, ne pouvant plus venir à
» La Maîtrise et se voir entouré de ses enfants, il
» voulut qu'ils prissent leurs ébats sous les fenêtres

1. Chiffre moyen.

» du palais épiscopal, et c'était pour lui une joie de
» les voir et de les entendre dans leurs joyeuses
» récréations...

. . . .

» Hélas la mort vint cueillir ainsi qu'un fruit
» mûr pour le ciel celui qui les aimait comme ses
» enfants, et qu'ils chérissaient comme un père.
» C'était quelque temps avant leur distribution de
» prix. L'un des élèves, aujourd'hui bénédictin de
» Solesmes, prononça son éloge au milieu de ses
» condisciples émus. *Vingt-huit d'entre eux*, deux ans
» après, entraient dans les Petits Séminaires ; *dix-*
» *sept* ont été élevés à l'honneur du sacerdoce..... »

L'ÉTABLISSEMENT ACTUEL

L'École ; son fonctionnement

La Maîtrise actuelle est un établissement d'enseignement secondaire placé directement sous le
patronage de Monseigneur l'Evêque. Les externes y
sont admis dès qu'ils commencent à lire.

Le but de l'Ecole est d'enseigner les notions
élémentaires mais solides qui constituent les premières
assises de l'instruction secondaire. Aussi le programme,
visant plus haut que l'utilisation hâtive d'un savoir
uniquement pratique, s'ouvre largement à toutes les
branches d'un enseignement approprié à l'âge des
enfants, tout en réservant à partir de la Sixième une
place de choix aux matières reconnues officiellement
comme essentielles à la formation de l'esprit : le
latin, puis, plus tard, le *grec*. A partir de la sixième

aussi, tous les élèves sont astreints à l'étude d'une langue vivante, de préférence *l'Anglais*.

Enfin, dans le domaine de l'Art, La Maîtrise a conservé l'esprit de ses origines, et, donnant à la musique et au dessin la place qui leur revient, se regarde avec une certaine complaisance comme une devancière avisée des futurs programmes officiels.

La situation. Le local

La Maîtrise est établie au n° 7 de la place du Terreau. Elle occupe l'emplacement exact de l'ancienne cathédrale Saint-Nazaire. Une jolie cour en terrasse, bordée de tilleuls fait les délices des enfants, comme aussi des grandes personnes.

De tous côtés les regards se reposent sur de belles choses. C'est, tout près, la vieille tour de Saint-Léger, qui découpe sur le ciel sa masse carrée et semble veiller encore à la sécurité de la ville ; ce sont les bâtiments en bordure de la cour, qui étalent avec simplicité, dans leur souriante vieillesse, la grâce décorative du XVᵉ siècle ; c'est, au cœur même de la Maîtrise, la belle ogive du XIIIᵉ siècle, seule reste de l'église Saint-Nazaire, monument grandiose, qui, pendant des siècles, essaya de s'édifier et qui, achevé, eût éclipsé la cathédrale actuelle ; c'est enfin, dominant toutes ces reliques d'art, la flèche élégante de Saint-Lazare, qui s'effile sur le ciel, blanche le matin, mystérieuse le soir, promenant en rond son ombre dentelée, et marquant chaque jour dans le cercle ainsi tracé les bornes d'une terre sacrée.

Le local scolaire, destiné d'abord à une petite institution d'externes, n'est pas considérable ; mais les salles sont spacieuses et bien aérées. Les bâtiments d'ailleurs s'agrandiront si le nombre des élèves l'exige.

Un dortoir, organisé cette année nous permettra de répondre au vœu plusieurs fois exprimé : « C'est dommage que vous ne receviez pas d'internes. »

Obligations particulières et avantages

L'Ecole, du fait qu'elle est constituée en Maîtrise, se distingue des autres établissements d'enseignement.

Les Maîtrisiens sont astreints au service religieux de la Cathédrale pour les offices capitulaires, qu'ils embellissent de leurs chants et de leurs cérémonies. Ils retirent de leurs fonctions des avantages très précieux pour leur propre formation.

Au point de vue pécuniaire, les avantages attachés à la qualité de Maîtrisien méritent d'arrêter l'attention. Les évêques d'Autun, soucieux à la fois d'assurer aux cérémonies du culte la splendeur qui leur convient, et de faciliter aux familles de condition modeste l'accès aux Séminaires et au Sacerdoce, n'ont pas hésité à faire les plus lourds sacrifices pour le recrutement de la Maîtrise.

De là, l'extrême modicité des rétributions scolaires.

De là aussi, les faveurs subséquentes pour les anciens élèves qui entrent dans les Petits Séminaires diocésains.

Nous espérons qu'il n'y aura pas de méprise sur la douceur de nos tarifs, et que l'on ne jugera point par là de la qualité de l'enseignement.

Les parents aisés se feront un devoir de s'inscrire pour le prix qui convient.

Et si des personnes favorisées des biens de la terre,

désiraient aider par leurs générosités à la prospérité d'une bonne œuvre et à la réalisation des désirs très certains de leur Evêque, Dieu ne bénirait-il pas les pieuses fondations faites en faveur d'une maison qui, en définitive, ne travaille que pour sa gloire ?

Il est bien de s'intéresser aux Grands et aux Petits Séminaires ; il est logique de ne pas oublier les petites institutions qui peuvent les alimenter de la façon la plus heureuse. Une Maîtrise bien organisée constitue un milieu excellent non seulement pour le développement de l'intelligence, mais aussi pour l'éclosion des vocations sacerdotales. C'est précisément cette thèse que Monseigneur a excellemment développée à la distribution des prix du 16 juillet 1923 et qu'il a bien voulu livrer à l'impression afin d'éclairer et diriger l'opinion en faveur de La Maîtrise de sa Cathédrale.

IMPRIMERIE
TAVERNE ET CHANDIOUX
AUTUN